DEUX

ÉTUDES RÉTROSPECTIVES ET D'ACTUALITÉ.

DEUX ÉTUDES

RÉTROSPECTIVES

ET

D'ACTUALITÉ.

RÉSUMÉ

D'UNE

CAMPAGNE POLITIQUE

CORRESPONDANTE

A LA CAMPAGNE MILITAIRE DE 1866.

Par HUET, ancien avocat.

PARIS

E. DENTU, LIBRAIRE-ÉDITEUR,

PALAIS-ROYAL, GALERIE D'ORLÉANS

1866.

Les *Deux Études* qu'on va lire sont comme le résumé et la clôture d'une série d'articles qui ont paru depuis le commencement de juillet dernier, au fur et à mesure des événements, dans un journal de province, l'*Union Bretonne*, sur les questions de la *paix* et de la *guerre*, de la *neutralité* et de la *médiation*.

L'auteur a cru qu'il pouvait être bon de leur donner aujourd'hui, sous la forme d'une brochure, une plus grande publicité.

Son but, pourquoi craindrait-il de l'avouer, a été de dire hautement ce qu'il pense, et de mettre le public, de bonne foi comme lui, en état de bien se rendre compte des choses, et de se former une opinion consciencieuse comme la sienne, sur une politique qui a été et est encore systématiquement calomniée et dénigrée, et qui, suivant sa conviction, était la seule possible, en même temps qu'elle était la seule juste et digne, la seule conforme au vœu du pays.

Ce but l'atteindra-t-il ?

Il l'espère.

Mais ce qu'il demande, c'est qu'on veuille bien le lire avec attention et sans parti pris.

L'appréciation postérieure de la circulaire de M. de Lavalette, dont l'auteur a cru devoir faire suivre ce Résumé, démontrera aussi sa bonne foi, comme son vif désir de chercher toujours, et quoi qu'il arrive, le plus grand intérêt du pays.

H.

6 octobre 1866.

DEUX

ÉTUDES RÉTROSPECTIVES

ET D'ACTUALITÉ.

———————

La France contemporaine est aussi riche que la France de nos pères; elle possède presque toutes les gloires qui peuvent la placer haut dans l'estime des autres nations.

Elle a ses souverains, ses ministres, ses hommes d'Etat, ses diplomates, ses magistrats, ses orateurs, ses écrivains, ses savants, ses artistes, ses marins, ses guerriers, ses historiens, dont, à bon droit, elle peut être fière.

Elle a toutefois des côtés faibles, et nous regrettons d'avoir aujourd'hui à en signaler un, qui tient, du reste, à la fois à la nature de notre caractère et de notre tempérament, et à celle de notre vie publique.

C'est celui qui concerne notre éducation et nos études politiques.

Ici, il faut l'avouer, les supériorités sont rares.

Sans doute, il en existe, et d'incontestables, dans les hautes sphères gouvernementales, au Sénat, au Corps législatif, dans les ministères, au Conseil d'État.

Il s'en trouve aussi quelques-unes dans une carrière pleine d'attractions, mais dans laquelle, par là même, beaucoup trop d'écrivains, nous en donnons peut-être ici la preuve, ne craignent pas de se hasarder : celle de la presse.

Mais la masse, on doit le reconnaître, ne se distingue pas par les qualités politiques.

Nous avons trop de vivacité, trop peu de sang-froid, une éducation politique trop superficielle, des études trop imparfaites, pour avoir l'esprit politique.

Et, soit légèreté, soit ignorance, indifférence ou paresse, nous sommes assez généralement disposés à nous en rapporter à nos journaux ou à nos orateurs, et à accepter les opinions de ceux dont nous admirons le talent.

Malheureusement, les esprits les plus supérieurs ne sont pas toujours exempts de passions et de parti pris, surtout en politique; et ces imperfections inhérentes à notre nature, sans nuire à leur mérite, faussent quelquefois leur jugement, et ne produisent que des dissertations plus brillantes que solides, dont nous n'apercevons pas tout d'abord la faiblesse, et que nous aimons mieux, avec notre enthousiasme athénien, déclarer admirables, que de chercher à nous en rendre bon compte, à les approfondir et à en pénétrer les défauts et souvent les dangers.

Ces réflexions nous ont été suggérées par le dernier discours d'un orateur et par le dernier travail d'un publiciste qui, l'un dans une séance solennelle du Corps législatif, et l'autre dans un recueil périodique justement estimé, chacun à un degré différent mais toujours considérable, sont habitués à faire autorité dans le monde politique.

Le discours de l'orateur est celui de M. Thiers, du 3 mai dernier.

Le travail du publiciste est celui que M. E. Forcade nous a donné dans la *Revue des Deux-Mondes*, livraison du 1er septembre.

Nous nous livrerons d'abord à l'examen du discours.

Ce sera une étude rétrospective, mais qui ne manque pas d'actualité.

Viendra ensuite l'examen du travail de l'éminent publiciste, étude d'actualité qui pourra bien aussi avoir son intérêt rétrospectif.

ur le discours de M. Thiers. Le discours de l'honorable et illustre député a fait, on le sait, d'abord au Corps législatif et ensuite dans le public, une immense sensation.

La gravité des circonstances, l'importance des intérêts en jeu, la brillante éloquence de l'orateur, les honnêtes tendances des masses pour la paix, l'esprit de fronde et l'esprit d'opposition, et aussi, comme toujours, nos idées peu pratiques en politique, tout enfin se réunissait pour attirer l'attention et pour faire de ce discours un événement et un sujet de pompeux éloges.

A ce point de vue, l'amour-propre de l'orateur a dû être pleinement satisfait.

Eh bien! nous n'incriminons pas les intentions: nous voulons les croire sincères; mais plus celles de M. Thiers étaient sincères, plus nous pouvons dire, avec conviction, qu'il doit aujourd'hui regretter son discours et son succès!

Ce discours, auquel ni le gouvernement, ni aucun député n'a répondu, parce que sans doute alors il était sage de n'y pas répondre, on peut aujourd'hui, sans inconvénient, l'examiner et en parler avec le calme et l'impartialité de la réflexion.

Et, pour notre compte, nous n'hésitons pas à dire que, tout remarquable qu'il puisse être, il a un triple défaut, qui le rend digne de toutes les critiques : il manque à la fois de logique, d'esprit politique et de patriotisme.

C'est ce que, dans notre très-humble sphère, nous croyons devoir et pouvoir facilement établir.

Le discours de M. Thiers se compose de deux parties distinctes, mais correlatives, dont l'une, d'après l'orateur lui-même, est nécessaire pour l'intelligence de l'autre; dont la première, *l'exposition*, doit, comme l'indique le bon sens aussi bien qu'Aristote, être la justification de la seconde, la *conclusion.*

Dans la première donc, M. Thiers nous expose ses idées sur le droit.

Or, le droit, c'est celui de la justice et des traités.

Et M. Thiers, par une longue narration, comme il l'appelle, et à laquelle, en effet, il consacre plus des deux tiers de son discours, expose que le droit et les traités ont été indignement et outrageusement violés par la Prusse, surtout à l'égard du Danemark.

Puis, après avoir infligé à ces odieuses iniquités, avec une indignation partagée par tous ses auditeurs, la flétrissure qu'elles méritent si bien, l'orateur nous montre les ambitieux projets du trop entreprenant ministre prussien.

Il prouve, avec autant de clarté que de vigoureuse réprobation, qu'après avoir violé le droit et les traités à l'égard du Danemark, M. de Bismark cache, sous le vain prétexte du différend austro-prussien, un bien autre et plus perfide dessein, celui de se servir de certaines idées d'*unité* régnantes parmi les Allemands, pour, du même coup, asservir toute l'Allemagne et former aux portes de la France un seul empire germanique, à l'instar de celui de Charles-Quint, avec l'Italie, au lieu de l'Espagne, pour alliée, et le roi de Prusse pour empereur.

Il cherche à prouver ensuite que la France a droit et intérêt à s'opposer à une telle œuvre, d'abord au nom de l'indépendance des Etats allemands, ensuite et surtout au nom de sa propre indépendance.

Tout cela était connu.

Tous ces faits, émouvants par eux-mêmes autant que par l'éloquence ardente de l'orateur, avaient déjà été l'objet de remarquables accusations. Les perspectives que M. Thiers semblait prétendre dévoiler sur les projets de la Prusse, elles avaient déjà été révélées au public, notamment dans la *Revue des Deux-Mondes* (1). Tous les auditeurs les connaissaient et les avaient appréciées comme elles devaient l'être, et les interruptions approbatives des collègues de l'orateur l'ont attesté d'une manière assez claire.

Quel était donc le but de cette nouvelle philippique?

---

(1) Voir notamment un article signé KLASKO, de la *Revue des Deux-Mondes*, livraison du 1ᵉʳ mai 1866.

Quelle conséquence à tirer de cette exposition ?

Quelle conclusion ?

Evidemment, suivant le bon sens et la logique,

C'est la guerre.

Eh bien, non ; c'est une conséquence tout autre que M. Thiers va en tirer dans la seconde partie de son discours.

La philippique du Démosthène français vient de nous exposer et de développer tous· les faits et tous les motifs qui doivent nous pousser à la guerre ;

Et elle conclut à la paix !

Nous examinerons tout-à-l'heure les moyens à l'aide desquels M. Thiers prétend arriver à conserver la paix.

Pour le moment, nous ne pouvons dire qu'une chose.

C'est que la conclusion n'est pas logique, et que c'est une étrange et inexplicable contradiction.

En vérité, l'on serait tenté d'en tirer cette autre déduction : c'est que si M. Thiers, cet orateur qui brille ordinairement par sa dialectique, arrive, après un tel préambule, à une telle conclusion, il faut de toute nécessité, ou qu'il ait perdu son ancienne qualité de bon logicien, ou que, connaissant d'avance les idées qui semblaient dès lors prévaloir au Corps législatif et dans le pays, il se soit laissé entraîner à tant d'illo-gisme, par le vain plaisir de faire de la popularité aux dépens du gouvernement, auquel il prêtait, gratui-tement, comme la suite l'a prouvé, des idées contraires à la paix.

C'est un discours commencé par un général qui ne voit que la guerre pour terminer toutes les difficultés, et fini par un bourgeois qui ne voit d'autre salut que dans la paix.

Mais passons, et retenons bien seulement ce fait, que M. Thiers ne veut pas la guerre, et le proclame bien haut, en traitant d'insensé celui qui la voudrait.

Or, c'est là que se dresse le double reproche à faire au discours de M. Thiers, de manquer aussi bien d'esprit politique que de patriotisme.

Quoi, cet homme d'Etat, cet ancien ministre des affaires étrangères, ce diplomate, qui sait tout ce qu'exigent souvent de circonspection et de prudence les graves circonstances de la nature de celles qui se produisent en ce moment, ne veut pas la guerre pour la France, toute menacée qu'il la prétende;

Et le voilà, député, c'est-à-dire homme politique, et

parlant politique, livrant et amenant, par son entraînante éloquence, ses collègues à livrer, comme lui, au vent de la publicité, la pensée politique intime du pays !

Et déclarant au monde entier que la France pourra bien faire des observations, des remontrances, des menaces même, mais qu'elle n'ira ou qu'elle ne doit jamais aller plus loin !

Ah ! si M. Thiers n'a pas vu toute l'imprudence, tous les dangers d'un tel acte, nous croyons pouvoir le dire hardiment, il a perdu ou oublié l'esprit politique.

Et si, au contraire, il avait la conscience de son imprudence ; s'il a, malgré tout, cédé à l'on ne sait quel sentiment, certes ce n'est pas à celui du patriotisme.

L'instinct du patriotisme, si ce n'était celui de l'esprit politique, devait l'avertir du danger et retenir ses imprudentes paroles, lui faire renoncer enfin à prononcer son discours.

Mais non ; il a tout oublié, et il n'a pas vu que si quelque chose pouvait encourager et faire persister la politique prussienne dans ses aventureux et ambitieux desseins, c'était surtout ce discours et l'attitude qu'il faisait prendre aux représentants du pays !

Est-il besoin maintenant d'insister longuement sur l'inanité des seuls moyens d'obtenir la paix, proposés par M. Thiers, c'est-à-dire les menaces, les remontrances, les observations, le silence?

Les menaces, à quoi bon? Elles ne peuvent rien produire, que si vous pouvez inspirer à votre ennemi une crainte sérieuse de la guerre; et vous avez d'avance déclaré publiquement votre parti pris de la paix.

Quant aux remontrances, aux observations, au silence, leur impuissance est bien plus manifeste encore.

M. Thiers semble pourtant, dans son discours, ne pas douter de leur efficacité.

Il nous donne ainsi, sans s'en apercevoir, la mesure de sa confiance dans la puissance que la France devrait à son souverain.

Mais, il faut bien le dire, il se fait là une grave et gratuite illusion, que le caractère bien connu du ministre prussien aurait dû ne pas laisser naître dans son esprit.

Oui, il est dérisoire de soutenir, lorsque la France est décidée à ne pas faire la guerre, qu'en se contentant de déclarer à M. de Bismark que jamais elle ne s'associera à ses projets, ou en observant vis-à-vis de lui la sévérité du silence, elle pourra en imposer assez à ce ministre à la volonté de fer, pour l'arrêter dans ses desseins.

M. Thiers ne se souvient donc pas qu'un jour aussi, mais dans une conjoncture où elle n'avait aucun intérêt national, la politique anglaise a voulu, tout en ne cachant pas son parti pris de ne pas faire la guerre, recourir aux moyens des remontrances, des observations, des menaces; il oublie, avec les railleries qu'elle en a recueillies, l'humiliant dédain qui répondait à ces remontrances, à ces observations, à ces menaces.

Nous pourrions examiner maintenant, si, en admettant même le succès des moyens *comminatoires* de M. Thiers et la guerre arrêtée, enrayée, les graves et multiples questions soulevées se seraient trouvées par là même résolues toutes seules, et si l'on ne serait pas resté sous le coup et la menace des mêmes éventualités, c'est-à-dire dans le *statu quo* le plus insupportable.

Le résultat du succès ne serait guère plus heureux, comme on le voit, que celui de l'insuccès; mais il n'est que trop évident que c'est l'insuccès et l'humiliation pour la France de ses vaines et inutiles paroles, sur lesquels on aurait pu compter.

Objectera-t-on, comme l'a fait observer M. Thiers, que ce qu'il conseillait, en mai 1866, c'est au mois de mars ou d'avril qu'il eût fallu le faire.

Mais si, en mai, ces conseils ne pouvaient plus être suivis, à quoi bon vouloir absolument les donner, au risque de compromettre la situation? Et, s'ils pouvaient encore l'être, pourquoi leur enlever, par une impolitique publicité, l'utilité que le silence pouvait seul leur assurer?

Pour ce qui est de l'Italie, M. Thiers aurait conseillé l'emploi de moyens analogues.

Il fallait que la France déclarât à l'Italie que, si elle encourait la guerre, elle en devrait supporter toutes les conséquences, et que la France ne prendrait pas les armes pour l'y soustraire.

D'abord, c'est précisément le langage tenu à l'Italie, puisque la dépêche arrivée d'Italie pendant la séance même du 3 mai, et donnant l'assurance qu'elle n'attaquerait pas l'Autriche, était la réponse à la déclaration de la France que, si l'Italie déclarait la guerre, elle la ferait à ses risques et périls.

Mais la déclaration de guerre, ultérieurement faite par l'Italie, qui, d'après les propres paroles de M. Thiers, n'était que la suite et la conséquence de sa conduite dans les circonstances similaires antérieures, ne prouve-t-elle pas, du reste, indépendamment du traité fait dès le mois de mars entre la Prusse et l'Italie, que cette menace était encore insuffisante, et que, pour contraindre l'Italie, la guerre seule contre elle pouvait être un moyen efficace ? Mais cette guerre, moralement et logiquement impossible, M. Thiers et le pays ne la voulaient pas plus contre l'Italie qu'ils ne la voulaient contre la Prusse.

Reconnaissons-le donc, le discours de M. Thiers a pu avoir un beau succès d'éloquence, mais il aurait été plus politique, plus patriotique, de ne pas le prononcer.

Et, répétons-le, parce que c'est la vérité, si quelque chose a pu jamais servir à encourager les desseins dont M. Thiers dénonçait au pays et au monde l'injustice et les périls pour la France, c'est précisément son discours, qui provoquait la publique adhésion des représentants de la France au programme absolu de la paix.

Combien mieux était inspiré l'Empereur, quand, indigné de cette imprudente harangue, *et pour en atté-nuer l'effet à l'étranger*, il faisait insérer solennelle-ment au *Moniteur* le discours d'Auxerre, si bien expli-qué ensuite par la lettre du 11 juin, modèle de modé-ration, de fermeté, comme de patriotisme, — et quand, sans exagérer outre mesure des dangers qui, encore aujourd'hui, semblent loin de se dessiner bien nette-ment, il faisait connaître son sage programme de la neutralité attentive, c'est-à-dire la paix, tant qu'il sera possible de la concilier avec l'honneur et la sûreté de la France! (1)

Nous allons examiner maintenant le travail de

---

(1) Est-ce en vue de la Lettre du 11 juin, que M. Thiers, en terminant, exprime cette pensée que, si la paix est impossible, la politique ferme, *haute* et *non hautaine* qu'il conseille, permettrait au moins de se réserver les moyens de limiter les conséquences de la guerre et de la rendre moins dangereuse.

C'est toujours, comme on voit, le système des *observations ;* c'est aussi, sans doute, une allusion aux indemnités qui pourraient com-penser, pour la France, les conséquences fâcheuses de la guerre. A cet égard. M. Thiers sait fort bien les impossibilités ou les diffi-cultés pratiques ; mais ne faut-il pas qu'il se ménage pour plus tard l'occasion de nouvelles critiques contre la politique du gouverne-ment, soit qu'elle lui conseille de demander des compensations, soit qu'elle les lui présente comme inopportunes ou inutiles ?

M. Forcade, et rechercher si les appréciations et les conseils du publiciste, dans les conjonctures actuelles, sont plus justes et meilleurs que les appréciations et les conseils que, dans d'autres conjonctures, déjà relativement anciennes, nous offrait le grand orateur.

uil de de. Ce travail n'a pas la forme didactique et l'ordre magistral d'un discours oratoire,

C'est une simple Revue de quinzaine.

Mais il n'en est pas moins, dans son habile et seulement apparente diffusion, composé avec beaucoup d'art et de soin ; et, bien que, pour en saisir et critiquer l'esprit, il faille une certaine attention et une certaine perspicacité politique, il n'est pas moins dangereux que le discours de M. Thiers, et il n'a pas fait, dans la mesure relative de la position et du talent de son auteur, une moins grande sensation.

La responsabilité morale du publiciste n'y est donc pas moins engagée, et nous ne croyons pas moins utile d'en montrer la dangereuse portée aux esprits modérés et de bonne foi.

Ainsi, M. Forcade, sans s'occuper du bon côté des choses et sans dire un seul mot des résultats directs et positifs, et que personne ne peut nier, de la politique impériale, ne voit et ne fait voir à ses lecteurs que les conséquences *indirectes*, et ce qui, dans ces conséquences, a pu, à tort ou à raison, inspirer aux masses et chez les esprits chagrins ou superficiels, une sorte de désappointement et d'irritation patriotiques.

C'est notamment, suivant lui, la perte des perspectives d'agrandissements territoriaux du côté du Rhin.

Ces perspectives, d'après M. Forcade, la fraction surtout la plus avancée de l'opinion libérale avait cru les entrevoir dans lés combinaisons politiques qui s'agitaient il y a six mois; cette fraction n'avait pas l'idée de la puissance militaire réelle de la Prusse, et, dans l'ardeur de ses vœux, elle n'avait pas pressenti un triomphe aussi rapide et aussi décisif de la part de cette puissance; M. Forcade aurait pu ajouter que le sentiment dont était animée cette fraction, lui avait fait oublier même le principe des nationalités à consulter et les impossibilités pratiques et matérielles.

M. Forcade trouve donc là une cause de désappointement, et il explique ainsi l'irritation qu'il suppose avoir été générale et qu'il semble constater presque avec complaisance, se contentant d'offrir à l'opinion publique des sujets de consolation plutôt capables d'augmenter que d'apaiser sa douleur.

Eh bien, nous, nous pensons qu'il eût été plus patriotique de faire d'abord remarquer que, de tous les territoires qui auraient pu paraître convenir à la France, et qu'on supposait pouvoir nous être donnés ou assurés par la Prusse, en cas d'entente avec elle, ceux qui appartenaient à cette puissance étaient les plus insignifiants, et que, pour fournir à la France des agrandissements d'une suffisante importance, il eût fallu les prendre à la Bavière, à la Hollande et même à la Belgique, c'est-à-dire à des pays indépendants de la Prusse, et qu'il était, conséquemment, chimérique de supposer qu'en laissant seulement la Prusse faire la guerre à l'Autriche, elle pourrait plus tard nous donner ces agrandissements.

Mais ce qu'il fallait surtout dire à l'opinion, égarée par ce leurre, c'est que son désappointement et son irritation, si tant est qu'ils existassent si généralement, n'étaient pas raisonnables.

En effet, ces agrandissements, abstraction faite de

leur impossibilité pratique et sans parler de leurs autres impossibilités, la France n'aurait pu les obtenir qu'en faisant elle-même la guerre ; or, la guerre, comme l'a dit M. Thiers, eût été une chose insensée ou contradictoire avec notre politique antérieure. Nous ne pouvions pas faire la guerre à la Prusse, parce que nous ne pouvions pas la faire à l'Italie.

Tout le monde ayant voulu la paix, il était déraisonnable, aujourd'hui, de prétendre aux avantages que la guerre seule aurait pu, à la rigueur, nous donner, et de ne pas nous contenter de ceux obtenus par notre attitude si sagement pacifique, par notre neutralité.

La délivrance, sans aucune effusion de sang français, de la Vénétie, et la paix rendue à trois grands peuples, par le seul effet de notre médiation, à la grande surprise des uns et en dépit des prévisions des autres, n'étaient-ils pas, entre autres résultats heureux, des sujets suffisants de réelle satisfaction pour notre juste et légitime orgueil national ?

Une autre cause du mécontentement, supposé encore général par M. Forcade, est celle qu'il attribue à l'extrême sensibilité du patriotisme français, qu'il prétend avoir été froissé par les résultats indirects des succès inouïs de la Prusse contre l'Autriche.

L'opinion publique aurait été comme humiliée, jalouse de la supériorité de force qu'allait assurer à la Prusse et ses institutions militaires, et ses annexions territoriales, et la prépondérance que les tendances unitaires allemandes étaient sur le point de lui acquérir sur toute l'Allemagne. M. Forcade voit dans ces résultats un péril pour la France, comme M. Thiers; et, après avoir jeté des doutes sur la valeur des moyens et des procédés de la politique française pour arrêter les projets ambitieux de la Prusse, il prétend qu'après avoir donné tout ce qu'il était possible à la critique de ce qu'il appelle les fautes passées, il faut les oublier, dans l'intérêt commun, pour s'occuper du présent, donnant ainsi à entendre, sous l'apparence d'une générosité inspirée par le patriotisme, qu'on aurait pu éviter ces fautes et arriver, en agissant autrement qu'on ne l'a fait, à d'autres et de meilleurs résultats.

Eh bien, nous, nous ne craignons pas de le dire, il y a dans ces habiletés de langage, dans ces manières de dénigrement, toutes déguisées qu'elles soient, de regrettables causes de nouvelles irritations, et d'autant plus à redouter pour ceux à qui elles s'adressent, qu'elles affectent la forme de la modération.

Là est une des causes réelles très-fâcheuses de la sensation produite par le travail de M. Forcade.

La seule faute, le seul reproche qui forme, dans le discours de M. Thiers, comme le résumé des critiques de la partie de l'opposition que représente l'illustre orateur, et à laquelle semble appartenir M. Forcade, ce n'est pas de n'avoir pas fait la guerre, c'est-à-dire la chose la plus insensée et la plus impossible, au dire de tous, même de M. Forcade comme de M. Thiers ; c'est d'avoir indirectement encouragé M. de Bismark en ne lui faisant pas, au point où en étaient les choses, après tous les efforts de la France pour amener un Congrès, assez de *douces ou aigres-douces* observations sur l'*inconvenance* de ses ambitieux projets.

Voilà à quoi se réduit toute l'incrimination de M. Thiers ; c'est ce que nous avons constaté lors de l'examen de son discours, en même temps que nous avons, bien surabondamment, démontré que le reproche était presque dérisoire.

Les résultats *indirects* des succès, inouïs et imprévus pour tous, de la Prusse ; ces résultats dont, pour la partie militaire, il serait bien mesquin de nous montrer jaloux, à cause d'un genre de gloire que nous ne pouvons envier à personne ; ces résultats que, pour ce qui est de l'influence morale, on peut apprécier d'une manière plus ou moins satisfaite ou mécontente, sont, en tous cas, des résultats indépendants de la volonté et de la manière d'agir de qui que ce soit. Ils tiennent surtout à des causes et à des tendances qu'il n'est au pouvoir de personne d'anéantir, c'est-à-dire, d'une part, au sentiment profondément imprimé dans l'esprit des Allemands, de la nécessité d'une unification politique *quelconque*, et, de l'autre, à l'habileté avec laquelle le ministre prussien sait mettre ce sentiment au service de son ambition et de l'ambition particuculière de la Prusse.

Voilà ce que pouvait dire avec toute raison et ce que devait nettement formuler M. Forcade, pour expliquer, bien mieux que par des fautes qui n'existent pas et que, d'ailleurs, il serait peu patriotique de rappeler, les résultats indirects dont il gémit et auxquels il cherche un remède.

Mais comprendre dans une commune amnistie ces prétendues fautes avec celle de la fraction de l'opposition qui voulait la guerre, c'est faire évidemment une étrange et regrettable confusion, que la bonne foi condamne et qu'elle a le droit de signaler.

Du reste, M. Forcade ne se dissimule pas à lui-même les véritables causes et les tendances que nous venons de rappeler ; il regrette seulement que ces causes et ces tendances n'aient été, au début, expliquées à l'opinion publique par aucune discussion préalable.

Ce regret n'est pas tout-à-fait justifié par les faits. Les éventualités des inconvénients, des périls même, si l'on veut, du nouvel état de choses, résultat *indirect* des succès militaires de la Prusse, avaient été très-bien prévues et très-clairement expliquées, d'abord dans les journaux et revues (1), ensuite et surtout par le discours solennel de M. Thiers ; et tout ce qu'on pouvait dire sur ce point, pour être dans le vrai, c'est que, tout en prévoyant ces éventualités, on n'avait aucun moyen de les empêcher de se produire, puisque même la guerre, moyen d'ailleurs insensé et impuissant, on ne la voulait pas.

---

(1) Voir, outre la *Revue des Deux-Mondes*, déjà citée, le *Journal des Débats* du 6 octobre 1865.

Mais M. Forcade, en se gardant bien de faire une aussi juste observation, n'est pas fâché de trouver, dans l'expression de son stérile regret, l'occasion d'une allusion aux bienfaits de l'ancien parlementarisme.

Et, en effet, lorsqu'il arrive aux conseils que lui inspire son patriotisme pour remédier aux résultats qu'il croit si regrettables pour la France, M. Forcade commence par déclarer que la chose, suivant lui, la plus désirable, serait, pour n'employer, dit-il, qu'une expression générale, que la France recouvrât la spontanéité de sa vie politique; en d'autres termes, qu'elle retrouvât le prestige, *aujourd'hui effacé, des institutions représentatives.*

Le parlementarisme est, comme la liberté absolue de la presse, une idée fixe, qui ne peut pas sortir de la tête des partisans de cette institution soi-disant gouvernementale.

Sur ce terrain, une discussion en règle ne nous est pas plus permise qu'à M. Forcade.

Nous nous bornerons donc ici à une seule observation qui nous dispense de toute autre : c'est que la France, à tort ou à raison, mais assurément non sans quelque apparence de raison, attribue surtout au jeu malsain du parlementarisme les malheurs et les périls des deux révolutions qu'elle a subies dans l'espace de moins de vingt ans, et qu'il est assez raisonnable, de sa part, de ne pas vouloir, en se livrant de nouveau à ce jeu, en risquer une troisième.

Voilà pour le premier conseil de M. Forcade.

Quant au second, ce serait, pour l'organisation nouvelle de notre armée et pour mettre l'*ancienne* grandeur et l'*ancienne* influence de la France au niveau de la grandeur et de l'influence de la Prusse, d'imiter le système prussien.

Ce système, qu'il conviendrait, dit-il, d'approprier à nos mœurs et à nos exigences industrielles et économiques, devrait se combiner de manière à nous assurer un effectif de guerre d'un million de soldats.

Nous nous garderons bien d'entrer dans l'examen détaillé de ce système ; M. Forcade déclare lui-même que la matière dépasse sa compétence, et nous nous déclarons bien plus incompétent encore.

Toutefois, nous doutons que les habitudes et le tempérament français se prêtent facilement, et en beaucoup de parties, au système prussien.

Mais nous aurions aimé voir l'éminent publiciste ne

point passer aussi facilement sur le principe même de la nécessité d'un système permanent quelconque d'accroissement de notre force militaire, et faire moins volontiers bon marché de notre *ancienne* grandeur et de l'*ancienne* influence de la France.

Pour notre compte, nous pensons que la grandeur et l'influence de la France n'ont pas encore revêtu ce caractère *du passé*, que semble vouloir leur imprimer l'adjectif que leur accole M. Forcade, et qu'elles existent encore brillantes et reconnues de tous, parce qu'elles ne tiennent pas seulement à l'éclat et à la force de nos armes, mais surtout au génie et aux idées généreuses et libérales de la nation.

Nous pensons donc que la France ne perdra jamais rien de cette grandeur et de cette influence, surtout sous le gouvernement actuel, et, qu'en outre, elle ne peut ni jalouser ni redouter une autre nation, parce que celle-ci aura, par des circonstances et des combinaisons heureuses, obtenu, par les armes, quelque puissance.

Dans cet ordre d'idées, nous n'avons pas besoin de rechercher si la timide et trop craintive opinion qui verrait dans le nouvel état de choses européen un vrai péril pour la France, ne tient pas aux principes d'une politique qui ne peut plus être en harmonie avec les idées modernes qui s'affirment chaque jour, si ce que les inventions nouvelles, la vapeur, les chemins de fer, l'électricité, les traités de commerce, la multiplicité et la diversité des rapports internationaux ont créé de communs intérêts et de communes idées entre tous les peuples ; enfin si tous les changements successifs qui en sont résultés et en résulteront encore, n'ont pas amené des changements correlatifs et analogues dans les principes de la politique internationale.

Nous n'examinerons pas si, tout en blâmant et détestant les odieux procédés par lesquels un grand, mais trop peu scrupuleux ministre marche, à l'aide du titre de son *origine allemande*, vers l'asservissement de l'Allemagne tout entière, sous prétexte de son unification, nous ne devrions pas d'ores et déjà nous révolter contre cet attentat aux droits et à l'indépendance des peuples, et nous y opposer par les armes.

M. Forcade nous a d'avance dispensés de cet examen, en reconnaissant que, loin d'arrêter, nous précipiterions, comme nous l'aurions fait sans doute il y a trois mois, par cette imprudence et par là seul que nous sommes *des étrangers*, l'explosion des tendances unitaires qu'il reconnaît chez le peuple allemand, et que nous en compromettrions le succès, dans le sens de la justice et de nos intérêts.

Non, la guerre déclarée aujourd'hui à la Prusse ne pourrait que nuire aux sages et légitimes aspirations de l'Allemagne.

Nous ne savons pas encore quels seront les résultats définitifs que réservent dans l'avenir aux desseins ambitieux de celle-ci, aux légitimes aspirations de celle-là, l'impénétrable sagesse de Dieu, et la marche progressive qu'il pourra imprimer à la civilisation.

Mais ce qui se passe, quant à présent, ne pouvant paraître constituer encore *rien de définitif*, il nous semble que la France ne doit accepter, ni l'idée, au moins bien prématurée, d'un désarmement général, dont elle prendrait surtout seule l'initiative, — ni l'idée, trop prudente, d'un système d'armement permanent et exagéré; qu'elle peut se fier en toute apparence aux *deux causes* d'influence et de grandeur qui lui appartiennent et que nul autre peuple ne possède à un si haut degré, et qu'elle se contentera de prendre, pour le moment, les mesures de prudence que peut inspirer le présent, mais dont le caractère doit seulement répondre à *l'état provisoire des choses*.

Telle est notre opinion sur cette dernière question, opinion peut-être fort controversable dans la pratique et dans sa dernière conclusion, mais qui a du moins pour elle le mérite d'un vif patriotisme.

Le discours de M. Thiers, le travail de M. Forcade, que nous avons examinés surtout sous l'impression de ce sentiment, offrent-ils des appréciations plus justes que les nôtres, des conseils meilleurs, et ont-ils été inspirés par un patriotisme plus réel et plus pur ?

Le public en jugera.

14 septembre 1866.

Depuis la publication de ces études, un document politique, que l'on a appelé à bon droit un Manifeste international, a fixé l'attention du monde entier.

Partout il a produit une grande et bien naturelle émotion.

Partout il a été, soit dans son ensemble, soit dans ses détails, l'objet d'appréciations diverses.

La presse de tous les pays l'a jugé à divers points de vue, suivant les positions, les intérêts, les opinions, les passions propres à chacun d'eux.

La presse française, qui l'a généralement accueilli avec le sentiment qu'il devait inspirer à notre caractère national, n'a pas toutefois moins que la presse étrangère, échappé à cette loi des positions, des intérêts, des opinions, des passions, à laquelle elle est plus que toute autre, par la nature même des choses, forcément soumise.

Pour notre compte, nous n'entrerons pas dans l'*examen détaillé* auquel chacun s'est livré, suivant ses diverses dispositions.

Mais nous dirons notre avis sur l'*ensemble*, avec la franchise et l'indépendance d'un homme qui a le bonheur de pouvoir n'être soupçonné d'aucun genre de préoccupation autre que celle du bien public, et qui ne consulte que son patriotisme et son bon sens, aidé de sa vieille expérience.

Cet avis, c'est que la circulaire, dictée par un profond sentiment des vrais intérêts du pays, nous présente l'appréciation la plus élevée des nouvelles transformations que paraît devoir subir la politique internationale, par suite du nouvel état de choses qui se prépare en Europe.

Cette circulaire proclame d'abord *une vérité* qui n'avait échappé au patriotisme d'aucun cœur français.

C'est que la grandeur et l'influence de la France, elle les doit à *deux* causes, et non pas à *une* seule :

La gloire militaire, que nous avons portée assez haut pour ne pas en désirer une plus grande;

Et la gloire, non moins enviable et non moins précieuse, attachée à ses succès dans tous les arts et tous les travaux de la paix, à son intelligence et à son génie.

Cette gloire là, la France ne pourra jamais la porter trop haut, et elle sera toujours, avec le patrimoine de sa gloire militaire, le gage le plus sûr comme la plus véritable expression de son influence et de sa grandeur.

La circulaire établit ensuite, avec une grande élévation de pensées, que le principe des nationalités et les aspirations unitaires qui le constituent, ont des forces que la guerre ne réduit pas, et qui, tôt ou tard, s'imposent invinciblement.

Nous ne sommes plus au temps des antipathies de races ;

Et le travail incessant de la civilisation établit entre les peuples, par toutes les modernes inventions dont il a doté le monde, des affinités, des rapports et des liens, que les besoins du commerce et de l'industrie, comme ceux de l'intelligence, rendent chaque jour plus appréciés et plus intimes.

Ce travail doit avoir pour conséquence finale la pacification et l'union générale, surtout dans la partie du monde qui a le plus intelligemment marché dans la voie libérale du progrès.

Ces idées, nous ne sommes pas éloignés de les admettre avec leurs conséquences,

Et nous ne voyons, dans tous les cas, aucune cause de répulsion ou d'appréhension pour la France dans le grand mouvement unitaire qui paraît se produire depuis les succès militaires de la Prusse, et qui ne saurait devenir hostile pour la France que s'il était contrarié par elle.

On peut sans doute n'avoir point d'éloges pour les

moyens employés à exciter ce mouvement et pour la manière dont on en profite dans l'intérèt particulier de la Prusse, et non certainement dans celui de l'indépendance de l'Allemagne.

Mais le but final qu'ils serviront à atteindre ne peut nous être antipathique ni contraire.

Le droit et la justice reprendront un jour leur empire.

Et il ne restera qu'une grande œuvre accomplie dans l'intérêt, non pas seulement de l'Allemagne, mais de l'humanité tout entière.

La France est assez riche de sa force militaire et morale pour ne pas être égoïste, et elle est trop intelligente pour ne pas comprendre la grandeur de cette œuvre, et pour n'y voir que le côté qui, dans l'ordre des idées reçues jusqu'à ce jour, pourrait lui sembler menacer sa sécurité.

Sans doute, si les tendances unitaires de l'Allemagne n'existaient pas, les succès militaires et les agrandissements de la Prusse pourraient donner à vérifier si la France n'aurait pas intérêt à s'opposer par la guerre aux résultats indirects et d'ailleurs prévus de ces succès.

Mais, en présence de ces tendances, la guerre déclarée à la Prusse serait, par l'effet d'une interprétation erronée sans doute, mais non moins inévitable de nos intentions, la guerre déclarée à tout le peuple allemand, dont nos sympathies ne nous permettent pas plus de blâmer que de combattre les aspirations.

Avant la guerre de la Prusse contre l'Autriche et ses alliés, l'entrée des Français sur le territoire allemand, ou l'envoi seul d'une armée française dans le voisinage du Rhin, aurait, de l'aveu de tous, été le signal d'une guerre générale.

Aujourd'hui, la guerre déclarée par la France à la Prusse aurait bien plus inévitablement ce malheureux résultat.

Ceci nous amène à l'objection de la conclusion, en apparence opposée, de la Lettre du 11 juin.

Mais qui ne comprend qu'en présence des vœux du pays pour la paix, vœux partagés par l'Empereur, comme la suite l'a prouvé et le prouve encore, la Lettre du 11 juin était une menace diplomatique adressée à l'ambition particulière de la Prusse, en tant que Prusse, et non pas aux aspirations de l'Allemagne, et que cette Lettre ne peut plus s'appliquer à la position actuelle, toute nouvelle et toute autre, résultat de faits indépendants de la volonté et de la manière d'agir de qui que ce soit.

Quant à la nouvelle organisation de notre armée et à l'accroissement de nos forces militaires, que la circulaire considère comme nécessaires dans toutes les éventualités, et surtout pour tenir au niveau de celle de toute autre nation la puissance de la France, nous ne nous étonnons pas d'une semblable pensée conçue et exprimée par un Napoléon ; mais nous n'en persistons pas moins dans l'opinion que, sans en méconnaître le côté controversable, nous avons émise, avant la publication de la Circulaire.

Défions-nous, nous autres Français, de nos premières impressions : elles peuvent souvent nons entraîner au-delà du but comme de la réalité.

La réflexion pourra bien nous faire reconnaître que nous avons, cette fois encore, été trop prompts à juger des choses au seul point de vue des idées reçues généralement jusqu'à présent, et nous serons peut-être bien plus tôt que nous ne pouvons l'imaginer amenés à adopter celles que la Circulaire nous convie à méditer, en nous les indiquant.

La proposition d'un nouveau système d'organisation militaire et d'accroissement permanent et considérable de notre armée n'a rien de contradictoire avec ces nouvelles idées: elle est seulement conforme à l'esprit toujours respectable du patriotisme français, et elle nous semble surtout une concession aux exigences du sentiment national plutôt qu'à celles des nécessités de notre position.

C'est pour cela que nous persistons dans notre opinion que, tout en ménageant notre très-naturel désir de montrer notre force, cette proposition ne devra aboutir qu'à ce qui sera seulement en rapport avec nos habitudes et notre tempérament, comme avec l'état actuel et essentiellement transitoire de l'Allemagne.

Et, pour ce qui est du passage de la Circulaire qui, après avoir rappelé le principe, si bien appliqué en France, du respect dû aux vœux des peuples, affirme que la France ne peut désirer des agrandissements qui ne seraient pas de nature à donner à sa puissante unité une plus forte cohésion,

Faut-il y voir, comme certains esprits malveillants ou légers, soit l'idée fausse et mal conçue d'une politique superficielle, soit l'ambition insensée et dangereuse d'une politique inconséquente ?

Ni l'une ni l'autre de ces conclusions ne nous paraît réfléchie et raisonnable.

Que peut-il y avoir d'inadmissible, d'inconséquent ou de dangereux dans la supposition (si supposition il y a) d'un fait dont la possibilité ne serait admise et fondée que sur l'hypothèse du consentement des populations intéressées, comme sur celle de l'adhésion, expresse ou tacite, de toutes les puissances européennes?

Ne devrait-on pas voir là, au contraire, la meilleure justification et l'application la plus heureuse de la politique du Souverain qui proposait, il y a trois ans, de soumettre à un Congrès général toutes les grandes et difficiles questions qu'il avait dès lors prévues, et dont il désirait, par ce moyen, amener la solution pacifique?

Et quel peuple voisin pourrait s'alarmer d'avance d'une telle hypothèse ? Quel cœur français, surtout, pourrait ne pas entrevoir et accueillir avec bonheur une combinaison qui, en donnant à la France une plus puissante et plus rassurante unité, serait en même temps, pour notre légitime amour-propre national, la plus légitime des satisfactions.

En résumé, sur la situation nouvelle, le système de paix et de neutralité adopté et résolument suivi par la politique impériale, d'accord avec la raison comme avec l'opinion publique, a produit, outre la délivrance de la Vénétie, un immense résultat, et le seul que la France désirât et pût obtenir : le maintien de la paix pour elle et la fin de la guerre pour les autres.

Devant ce beau et noble résultat, qu'importent les succès militaires d'un autre peuple, et qu'importent aussi les résultats obtenus par un autre système, au-delà même des espérances de celui qui l'avait conçu, et dans un but dont la grandeur ne saurait d'ailleurs anoblir les moyens ?

Quelque opinion et quelque sentiment que ces résultats aient fait naître parmi nous, la situation générale qu'ils ont faite ou feront à l'Europe entière, et non à la France seule, est telle, en définitive, que nulle puissance n'a eu la pensée de chercher à y mettre obstacle par la guerre. L'Autriche, la plus intéressée

et la seule dont l'intérêt et les anciens principes auraient pu, même après sa défaite, expliquer la résistance, s'y est finalement prêtée, sans doute parce que
finalement elle a reconnu que son amour-propre y
était bien plus engagé que sa sûreté; et l'Angleterre
et la Russie, comme la France, sont restées impassibles. Elles reconnaissent donc que cette situation ne
menace pas plus l'une que l'autre les puissances de
l'Europe, et qu'elle établit, par le fait, *pour toutes*,
sans combat comme sans traité, et à la place de ceux
de 1815, un nouvel équilibre européen, que, sans
doute instruites par l'expérience et par l'apaisement
des passions, elles trouvent aujourd'hui plus juste et
plus conforme aux aspirations comme aux besoins des
peuples.

Pourquoi donc la France serait-elle la seule puissance en Europe qui se crût aujourd'hui intéressée à
chercher, par la guerre, à amener une autre situation,
au risque d'embrâser de nouveau l'Europe entière?

Quelles craintes, d'ailleurs, pourrait donc inspirer
en Europe la formation de grandes agglomérations,
basées sur la nationalité de chacune, et qui, par cela
même, n'ont plus besoin de s'étendre et ne peuvent

que respecter, dans l'intérêt même de leur unité et de leur cohésion, l'unité et la cohésion de leurs voisines?

N'y a-t-il pas là, pour le repos du monde, un gage de paix bien autrement fort que celui des traités, puisqu'il est basé sur la nature même des choses, sur l'intérêt commun et bien entendu des peuples, et non sur les passions et les volontés versatiles des souverains ?

Ce traité *tacite* n'est-il pas de nature à être mieux respecté que les traités les plus solennels et scellés des plus puissantes signatures ?

Napoléon III avait, il y a trois ans, signalé à l'Europe toutes les graves questions qui risquaient de l'engager, tôt ou tard, dans une guerre générale.

Et il voulait, par le pacifique moyen d'un Congrès, résoudre toutes ces questions suivant la justice et les besoins des peuples.

Si, en 1863, cette noble tentative était impraticable, comme on l'a prétendu, sans en donner, du reste, d'autres raisons que le fait même du refus de certaine puissance, elle ne l'était pas moins en 1866; parce qu'en 1866, les jalousies, les amours-propres mal entendus et toutes les passions humaines n'existaient pas moins qu'en 1863. Ce qu'un Congrès était impuissant à produire, c'est-à-dire un accord unanime, général, un fait l'aura amené. L'accord, pour être tacite, n'en aura pas moins eu les mêmes résultats qu'un traité positif, et il aura été d'autant plus facile, qu'il n'aura rien demandé et n'aura rien coûté à la susceptibilité d'aucun amour-propre.

La France et son souverain auront, dans cette grave conjoncture, fourni une nouvelle preuve de leur intelligente et généreuse modération; et l'exemple qu'ils auront donné aux autres, et que ceux-ci auront suivi, ne peut porter avec lui que d'heureux présages pour la pacification générale, objet des vœux comme des besoins de tous les peuples.

www.ingramcontent.com/pod-product-compliance
Lightning Source LLC
Chambersburg PA
CBHW061315050726
47594CB00004B/1728